AF243563

UNE INIQUITÉ A RÉPARER

PÉTITION

AU SÉNAT ET A LA CHAMBRE DES DÉPUTÉS

AU SUJET DU

DÉCRET PROTECTEUR DES GUINÉES DE L'INDE

AU SÉNÉGAL

BORDEAUX

IMPRIMERIE G. GOUNOUILHOU

II — RUE GUIRAUDE — II

1879

UNE INIQUITÉ A RÉPARER

PÉTITION

AU SÉNAT ET A LA CHAMBRE DES DÉPUTÉS

AU SUJET DU

DÉCRET PROTECTEUR DES GUINÉES DE L'INDE

AU SÉNÉGAL

BORDEAUX

IMPRIMERIE G. GOUNOUILHOU

II — RUE GUIRAUDE — II

1879

PÉTITION

AU SÉNAT ET A LA CHAMBRE DES DÉPUTÉS

AU SUJET DU

DÉCRET PROTECTEUR DES GUINÉES DE L'INDE

AU SÉNÉGAL

Bordeaux, le 18 mars 1879.

MESSIEURS LES SÉNATEURS,

MESSIEURS LES DÉPUTÉS,

Les soussignés, négociants et propriétaires au Sénégal, ont l'honneur d'appeler votre attention sur l'intolérable situation faite à notre établissement par un décret eu date du 19 juillet 1877.

Ce décret, dû à l'initiative de M. Benoist-d'Azy, ancien directeur des Colonies, et rendu sur le rapport collectif de trois ministres du 16 Mai, frappe d'une surtaxe de un franc vingt centimes par pièce, à leur introduction à Saint-Louis, toutes les toiles bleues dites Guinées, fabriquées ailleurs qu'en France ou dans l'Inde française.

Aucune autre modification n'ayant été apportée en même temps au régime douanier en vigueur, toutes les marchandises importées en dehors des guinées ont continué à être admises dans la colonie sur le pied de la plus complète égalité, quelle que fût leur provenance.

Vous apprécierez la portée de cette exception unique quand nous vous aurons expliqué que la guinée forme l'élément principal, la base essentielle des transactions au Sénégal ; vous en saisirez le caractère perturbateur lorsque nous aurons ajouté que les tissus ainsi atteints d'un droit exorbitant à Saint-Louis continuaient à entrer en franchise ·sur d'autres points de la colonie très rapprochés du chef-lieu.

Aussi l'application du décret du 19 juillet a-t-il eu ce résultat immédiat et évident *à priori* de déplacer les affaires au détriment des commerçants du premier arrondissement, comme son extension récente au deuxième arrondissement, par décret du 20 janvier 1879, aura pour conséquence fatale — les mêmes causes produisant les mêmes effets — de drainer la vente des guinées d'Europe chez nos voisins les Anglais de la Gambie.

A quelle préoccupation obéissait donc le Ministère en adoptant une mesure qui devait apporter aux yeux des moins clairvoyants un trouble profond dans la vie commerciale du pays ?

L'administration se trouvait-elle en présence d'une nécessité financière, et prétendra-t-on que la taxe différentielle sur les guinées belges et anglaises était née du besoin de créer des ressources au budget local ?

Nul n'osera le soutenir. On comprend en effet que s'il ne s'était agi dans l'espèce que d'une mesure fiscale proprement dite, ce n'est pas telle ou telle catégorie spéciale de marchandises qu'on aurait surimposée de préférence à telle autre, encore moins aurait-on songé à faire, à cette seule fin, une distinction qui n'avait jamais été établie entre celles de fabrication nationale et celles de production étrangère ; on aurait simplement élargi la source des revenus coloniaux en élevant dans la proportion nécessaire la quotité du droit uniforme existant sur toutes les marchandises introduites dans la colonie.

Ou bien dira-t-on, d'aventure, qu'on a voulu inaugurer au Sénégal le système protecteur et favoriser sur ce marché restreint l'industrie nationale au détriment des industries rivales?

Mais l'exception même, consacrée par le décret que nous combattons, proteste contre une semblable intention.

L'industrie nationale se compose apparemment d'autre chose que de tissus bleus spéciaux à l'usage des indigènes de la côte d'Afrique. Si donc une idée générale, un principe économique avait présidé à l'établissement du nouveau tarif, c'est *tous les tissus* français, les fers français, les vins et alcools français, les denrées françaises, en un mot tous les éléments qui constituent la production nationale qu'on aurait protégés contre la concurrence étrangère, et non une seule sorte de tissu que la Colonie tirait d'ailleurs exclusivement de Pondichéry, de Gand et de Manchester.

Par quelle subtilité pourrait-on alors présenter comme protectrice du travail *national* une mesure qui ne favorise précisément qu'un article que ne fournissait pas la France?

Dégageant par conséquent de la question l'industrie métropolitaine qui n'a préoccupé en aucune façon les auteurs du décret, nous arrivons à cette conclusion rigoureuse, inattaquable, que l'acte arbitraire du 19 juillet, en surtaxant les guinées belges et anglaises au Sénégal ne poursuivait d'autre but *que d'y protéger exclusivement les guinées de l'Inde.*

Eh bien! nous le demandons, en admettant même, ce que nous n'avons pas à examiner, que la fabrication particulière de cette colonie eût besoin d'être protégée, était-ce à une autre colonie que devait incomber la charge de la secourir?

Si le Gouvernement était d'avis de lui venir en aide, que n'inscrivait-il à cet effet une subvention au budget de la mère patrie, ou mieux encore, que ne faisait-il abandon aux établissements de l'Inde d'une partie de la redevance qu'ils lui paient annuellement, pour être distribuée aux manufacturiers en peine? En aucun cas il n'avait le droit de jeter ce fardeau sur les épaules d'un petit pays moins riche que celui en faveur duquel on l'imposait si inconsidérément.

Imaginez la réponse qu'on nous aurait faite, à nous Sénégalais, si, alléguant la cessation totale de nos expéditions de bœufs à la Guadeloupe, par suite de l'élévation des prix qui n'en permettait plus l'achat aux planteurs des Antilles, nous étions venus demander à la métropole d'établir dans nos colonies de l'Ouest un droit différentiel sur les animaux de travail qu'elles tirent du continent américain, pour rouvrir à notre commerce d'exportation un marché qui lui était fermé depuis quelques années.

Entendez-vous le *tolle* qui aurait accueilli cette singulière prétention?

Or, qui contestera que la situation respective de l'Inde et du Sénégal dans la question qui nous occupe ne soit identiquement semblable?

Pourquoi donc avoir consenti à faire contre nous ce qu'on se serait refusé, si légitimement, à faire pour nous? Pourquoi deux poids et deux mesures aux mains d'une administration dont le devoir le plus élémentaire était de tenir la balance égale entre tous les Français d'outre-mer?

L'injustice est flagrante.

Nous ajouterons qu'on a d'autant plus manqué de générosité envers le Sénégal que, privé de sa représentation au Parlement, il était livré sans défense au Gouvernement central, tandis que l'intérêt opposé au sien était ici servi, non seulement par l'honorable M. Desbassyns de Richemont, nécessairement partisan d'une mesure favorable au pays qui l'avait nommé, mais encore par le chef de service qui avait préparé le décret du 19 juillet dans une pensée électorale évidente. M. Benoist-d'Azy ne devait-il pas au 14 octobre se porter candidat à la députation dans l'Inde, et la faveur accordée sur son initiative à une grande industrie locale avait-elle un autre but que d'opposer à l'impuissance du candidat républicain le haut crédit du fonctionnaire de l'ordre moral et de montrer aux électeurs ce que sa nomination pouvait attirer de bienfaits sur la colonie?

Et bien que l'événement ait confondu les communes espérances de l'ancien Directeur et du cabinet qui le patronnait, il n'en demeure pas moins acquis que c'est à une manœuvre électorale qu'ont été sacrifiés les intérêts sénégalais dans cette circonstance.

A ceux qui douteraient que le Sénégal n'ait été ainsi frappé que parce qu'il ne possédait pas de défenseur attitré auprès du pouvoir, nous rappellerions que le ministère du 16 Mai voulait appliquer également à la Réunion le décret protecteur des toiles de Pondichéry et qu'il a suffi de l'intervention amiable de ses sympathiques mandataires MM. Laserve et de Mahy pour détourner le coup qu'on lui destinait.

N'y a-t-il pas, soit dit par parenthèse, dans l'inégalité de situation qui a permis l'injustice soufferte par le Sénégal, un des arguments les plus probants qu'on puisse invoquer en faveur du rétablissement de sa représentation au Parlement?

Toutes ces considérations de vulgaire équité, qui militent si simplement et si puissamment pour l'annulation de l'acte du 19 juillet, les Sénégalais les ont fait valoir dans des pétitions réitérées au Ministère de la Marine. Mais leurs plaintes se sont toujours brisées, sans doute, devant la pression exercée en sens contraire sur le Département par le sénateur et le député de l'Inde. C'est ainsi que depuis plus de dix-huit mois que ce décret est en vigueur aucun compte n'a encore été tenu de leurs justes doléances.

Que les élus de Pondichéry mettent l'influence dont ils disposent au service de leurs commettants, c'est leur rôle assurément et nul ne songera à les en blâmer; mais ils ont trop le sentiment de la justice pour vouloir le maintien de la protection des guinées de l'Inde, sous une forme qui préjudicie à des intérêts non moins respectables que ceux des producteurs indigènes de Pondichéry et de la grande Société de filature et tissage de cette ville, seule outillée d'ailleurs pour fabriquer des guinées en quantité sérieuse, et seule, en fait, à avoir fourni presque toutes celles introduites au Sénégal depuis le nouveau tarif. De telle sorte que le décret du 19 juillet se trouve en somme n'avoir favorisé à peu près exclusivement jusqu'à ce jour qu'une même entreprise privée.

Si donc, et contre toute attente, les honorables représentants de l'Inde combattaient devant vous la mesure de réparation que nous poursuivons, vous ne perdriez pas de vue que le privilége accordé aux seules guinées indiennes sur le marché du Sénégal ne constitue qu'un fait isolé, qu'une exception unique et criante dans son régime douanier, qui demeure pour tous les autres articles celui du libre-échange absolu. En vain s'efforcerait-on par conséquent de lier au sort de la question économique générale, à laquelle elle est complètement étrangère, la protection spéciale et abusive établie par le décret du 19 juillet; et vous repousseriez, comme ne pouvant s'appliquer à l'espèce, l'argumentation dilatoire qui concluerait à réserver la solution que le Sénégal attend avec une si légitime impatience jusqu'à l'époque où viendra devant les Chambres la discussion des traités de commerce. Encore moins consentiriez-vous à renvoyer au futur Conseil général de la colonie, qui n'a d'ailleurs pas dans ses attributions le règlement des tarifs de douanes, la question de savoir si, oui ou non, il sera d'avis, lui aussi, de sacrifier les intérêts de la population qu'il représentera aux intérêts d'une Société particulière de Pondichéry.

Faisant donc justice de tous ces moyens qui n'auraient évidemment d'autre but que de chercher à retarder pour le Sénégal l'heure de la réparation, et ne voyant dans le décret du 19 juillet que le calcul intéressé qui l'a dicté et le dommage qu'il cause depuis trop longtemps déjà à une Colonie digne de toute votre sollicitude, vous n'hésiterez pas à appuyer auprès du nouveau Ministre de la Marine, dont nous avons pu apprécier récemment le libéralisme éclairé et la haute impartialité, l'abrogation d'un acte du cabinet du 16 Mai dont le caractère exceptionnel ne peut être nié et dont l'iniquité éclate à tous les yeux.

Nous sommes avec respect, Messieurs, vos très obéissants serviteurs.

BUHAN (J.-E.) Père, Fils et TEISSEIRE (A.).
MAUREL et PROM (H.).
DELMAS (J.-A.) et LAPORTE (A.).
MERLE (F.).
TEISSEIRE (O.).
MAUREL Frères.
BARRÈRE (J.-N.).

NOTE

—

Après nous être bornés, dans la pétition qui précède, à ne faire valoir que les considérations d'ordre élevé qui commandent le retrait du décret du 19 juillet il ne sera peut-être pas inutile, à titre de détail complémentaire, de réfuter ici un argument de ses partisans aux abois susceptible d'impressionner les personnes peu initiées au trafic du Sénégal.

Il s'est rencontré en effet des souteneurs de la protection exclusive des guinées de l'Inde qui ont imaginé de représenter cette mesure comme un moyen de *moraliser* le commerce du fleuve (¹)!

Ils n'ont pas craint d'affirmer que la guinée étant la base des échanges avec les Maures, à proprement parler la *monnaie* du fleuve, il y avait un intérêt de moralité publique (!!) à défendre les vendeurs de gommes contre les tromperies des traitants, en fixant un type de guinée unique — celui que peut fabriquer Pondichéry, et non un autre, bien entendu.

Ces puritains de circonstance prêcheraient tout aussi logiquement en France la démonétisation des pièces divisionnaires de 2 francs, 1 franc et 50 centimes, sous prétexte que des acheteurs peu scrupuleux pourraient essayer de les faire passer pour des pièces de 5 francs dans les paiements qu'ils ont à effectuer.

(¹) La découverte de cette ingénieuse idée, qui ne pouvait naître qu'au Sénégal, appartient à M. Gaspard Devès, le maire actuel de Saint-Louis, correspondant de la Maison Chaumel-Durin de Bordeaux, qui est un des principaux actionnaires de la Société de Pondichéry, le réceptionnaire unique et le seul vendeur de ses guinées.

Ils n'ont pas aperçu d'ailleurs, que pour être conséquents avec eux-mêmes, ce n'est pas une simple protection des guinées de l'Inde qu'ils auraient dû soutenir alors, mais l'*exclusion radicale* de toute toile autre que le type préconisé. Il va sans dire effectivement que s'il est vrai que les guinées étrangères constituent, comme on voudrait le faire croire, une *véritable fausse monnaie,* elles ne devraient être admises dans la colonie sous aucunes conditions, pas plus qu'on n'y tolèrerait l'introduction de pièces monnayées de 5 francs dont le poids ou le titre ne correspondrait qu'à une valeur de 3 ou 4 francs.

Observons enfin, pour en terminer avec ce singulier argument, que les guinées belges, englobées comme guinées étrangères sous la même qualification que les toiles d'Angleterre, sont précisément supérieures en qualité aux guinées de Pondichéry et acceptées à un prix supérieur par les consommateurs, assez avisés, comme on voit, pour appliquer sa valeur propre à chaque nature de marchandise, quelle que soit sa provenance.

Personne ne se laissera donc plus tromper aujourd'hui par ce moyen, habile peut-être, puisqu'il s'est accrédité dans les bureaux de la Direction des Colonies, mais qui ne réussirait pas mieux que les autres, s'il était invoqué, à sauver l'acte injustifiable du 19 juillet, destiné, quoi qu'on fasse, à tomber devant la réprobation des Chambres.

Bordeaux. — Imp. G. Gounouilhou, rue Guiraude, 11.

CARTE

DE LA PARTIE DE LA COLONIE DU SÉNÉGAL

OU EST ACTUELLEMENT APPLIQUÉ

LE DÉCRET DU 19 JUILLET 1877

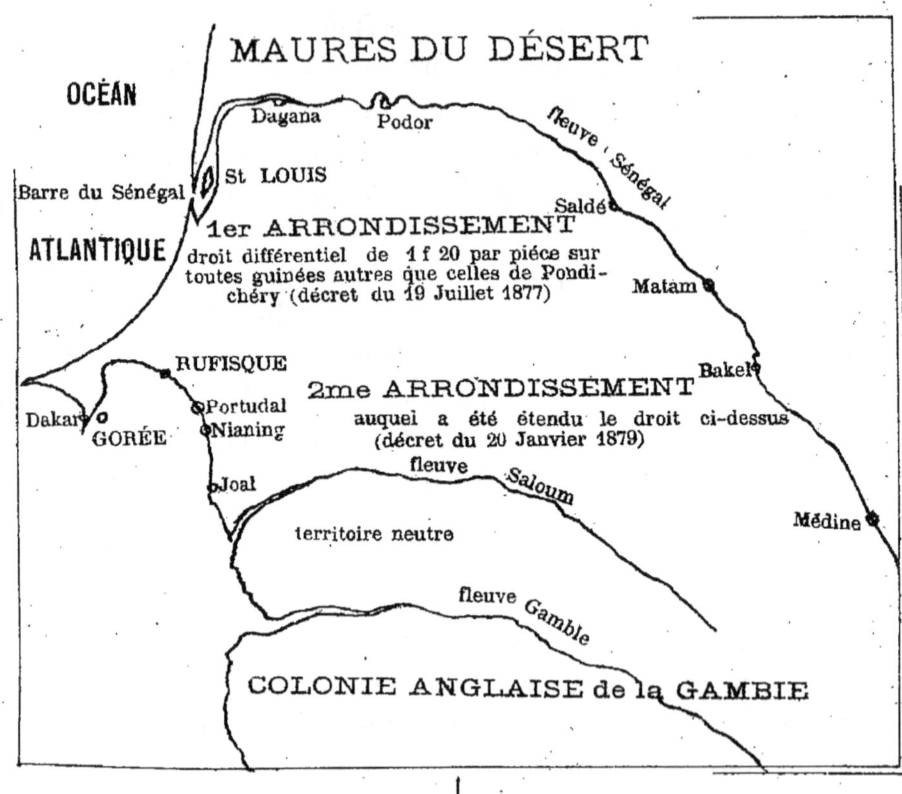

1er ARRONDISSEMENT		2e ARRONDISSEMENT	
St-LOUIS ...	Chef-lieu de la colonie. — Siége du gouvernement.	GORÉE	Chef-lieu. — Port franc.
DAGANA .... PODOR ...... SALDÉ ...... MATAM ..... BAKEL ...... MÉDINE	Points où s'opèrent les échanges de gommes avec les Maures.	DAKAR	Port d'escale et de ravitaillement des paquebots et des vaisseaux de l'Etat. — Sans importance commerciale.
		RUFISQUE ..	Très grand commerce d'achat de graines oléagineuses.
		PORTUDAL .. NIANING .... JOAL	Points d'achat secondaires.

N. B. — Toute la côte au Nord et au Sud de Saint-Louis jusqu'à la pointe du Cap-Vert est inaccessible, défendue par trois lignes de brisants.

N. B. — Toute la côte depuis Dakar jusqu'à la Gambie étant d'un accès facile sur tous les points, Gorée, port franc, deviendrait, avec le maintien du droit exorbitant sur les guinées étrangères, un véritable entrepôt pour la contrebande.